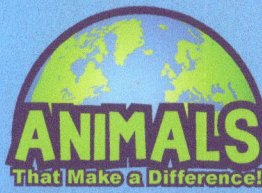

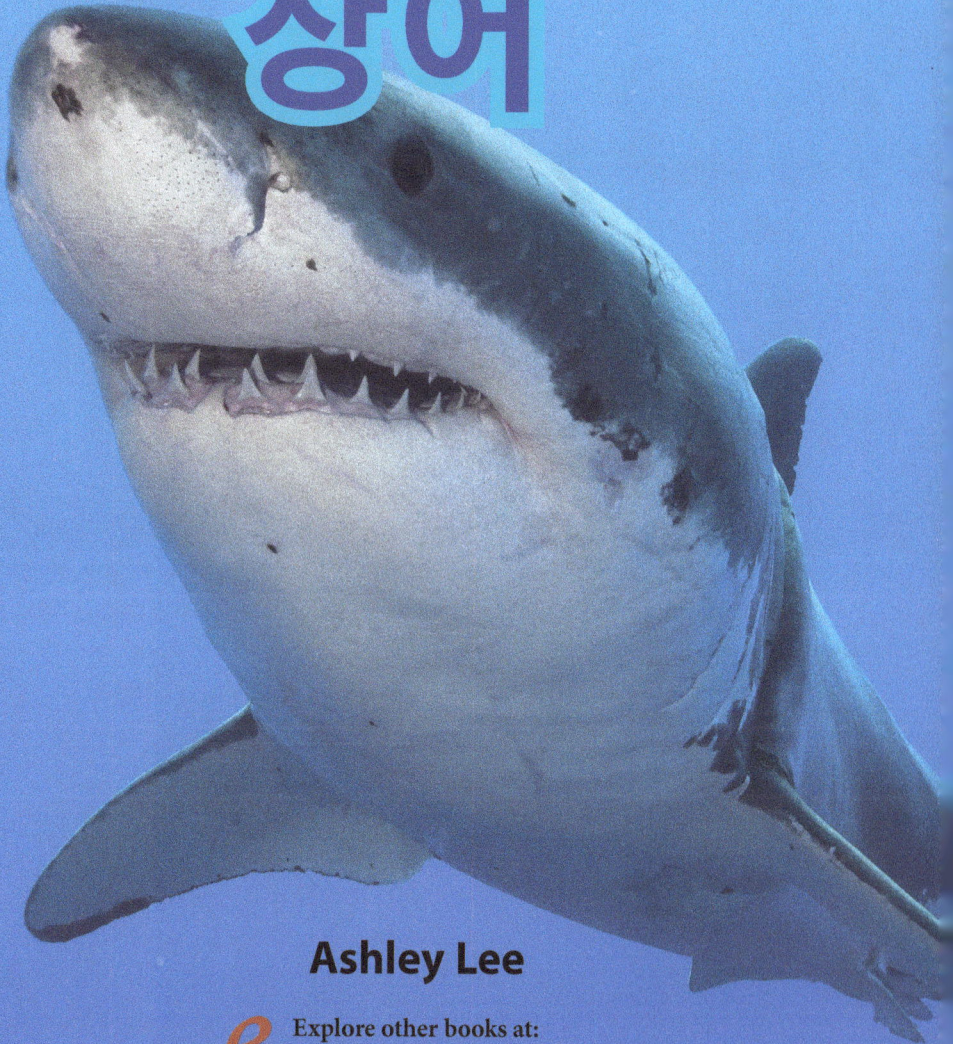

Sharks
상어

Ashley Lee

VANCOUVER, B.C.

e WWW.ENGAGEBOOKS.COM

Sharks: Level 1 Bilingual (English/Korean) (영어/한국어)
Animals That Make a Difference!
Lee, Ashley 1995 –
Text © 2021 Engage Books
Edited by: A.R. Roumanis
and Lauren Dick
Translated by: Gio Oh
Proofread by: Tamara Kazali

Text set in Arial Regular.
Chapter headings set in Arial Black.

FIRST EDITION / FIRST PRINTING

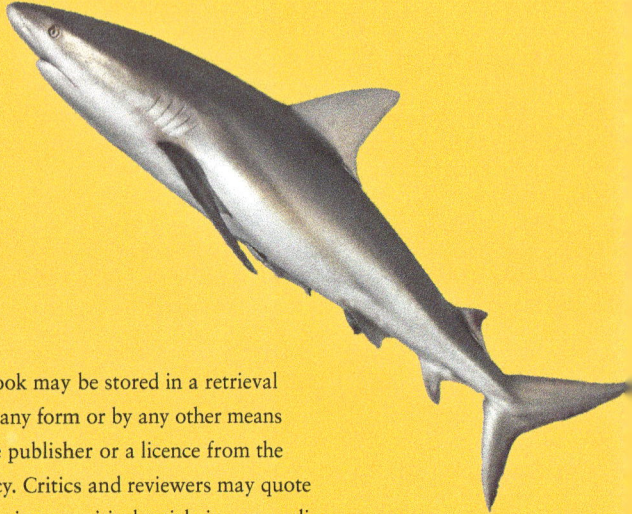

LIBRARY AND ARCHIVES CANADA CATALOGUING IN PUBLICATION

Title: Animals That Make a Difference: Sharks Level 1 Bilingual (English/Korean) (영어/한국어)
Names: Lee, Ashley, author.

ISBN 978-1-77476-463-3 (hardcover)
ISBN 978-1-77476-462-6 (softcover)

Subjects:
LCSH: Sharks—Juvenile literature
LCSH: Human-animal relationships—Juvenile literature

Classification: LCC QL638.9 .L44 2020 | DDC J597.3—DC23

Contents
목차

What Are Sharks?
상어는 무엇인가요?

Sharks are a kind of fish.
상어는 물고기 종류에요.

A group of sharks is called a school.

상어 무리는 떼라고 불러요.

What Do Sharks Look Like?
상어는 어떻게 생겼나요?

Sharks can be many different sizes. Dwarf lantern sharks are only about 8 inches (20 centimeters) long. Whalesharks can be up to 59 feet (18 meters) long.

상어는 크기가 다양해요. 드와르프 투명상어는 8인치(20센티미터) 밖에 안돼요. 고래상어는 59피트(18미터)까지 자랄 수 있어요.

Shark teeth are very sharp. Most sharks have between 5 and 15 rows of teeth.

상어 이빨은 매우 날카로워요. 보통 상어는 5줄에서 15줄 정도의 이빨이 있어요.

Sharks have a large fin on their backs. This fin helps them keep their balance. 상어의 등에는 매우 큰 지느러미가 있어요. 이 지느러미가 균형을 잡을 수 있게 도와줘요.

Sharks have holes in their bodies called gills. They use their gills to breathe. 상어는 몸에 아가미라고 불리는 구멍이 있어요. 이 아가미로 숨을 쉽니다.

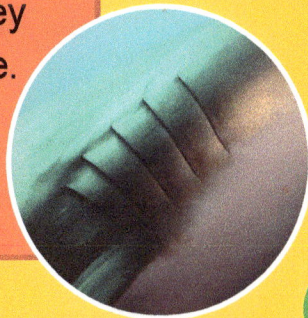

Where Do Sharks Live?
상어는 어디에서 사나요?

Sharks live in every ocean in the world. Some sharks live in the deepest parts of the ocean. Others live near coral reefs.
상어는 세계 모든 바다에 살고 있어요. 몇몇 상어는 바다의 가장 깊은 곳에서 살아요. 다른 상어들은 산호초 근처에 살아요.

Walking sharks are found near Indonesia. Leopard catsharks live near South Africa. Chinese high-fin banded sharks come from the Yangtze River in China.
워킹 샤크는 인도네시아 근처에서 찾을 수 있어요. 레오파드 캣샤크는 남아프리카 근처에 살아요. 중국 하이핀 굽은 샤크는 중국 양쯔강에서 왔어요.

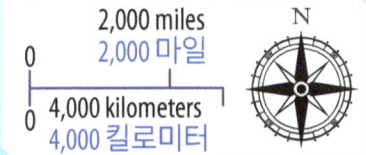

Atlantic Ocean
북극해

Yangtze River
양쯔강

Europe
유럽

Asia
아시아

Africa
아프리카

South Africa
남아프리카

Pacific Ocean
태평양

Atlantic Ocean
대서양

Indian Ocean
인도양

Indonesia
인도네시아

Southern Ocean
남대양

2,000 miles
2,000 마일
0

4,000 kilometers
4,000 킬로미터
0

N

Legend 전설
Land 육지
Ocean 바다

9

What Do Sharks Eat?
상어는 무엇을 먹나요?

Sharks eat other animals that live in the ocean. Small sharks eat fish, squid, and shellfish.
상어는 바다에 사는 다른 동물들을 잡아 먹습니다. 작은 상어는 물고기, 오징어, 그리고 조개를 먹어요.

Large sharks eat dolphins, sea lions, and sea turtles.

큰 상어는 돌고래, 바다사자 그리고 바다 거북을 잡아 먹어요.

11

How Do Sharks Talk to Each Other?
상어는 서로 어떻게 이야기하나요?

Sharks move their bodies to tell others how they feel. Different movements mean different things.
상어는 자기 기분을 표현하기 위해서 몸을 움직여요. 각각 다른 움직임들은 다른 것들을 의미합니다.

Sharks feel vibrations in the water when other animals move. This helps them find other sharks.

상어는 다른 동물들이 움직이면 물 속에서 진동을 느낄 수 있어요. 이렇게 해서 다른 상어들을 찾을 수 있어요.

13

Shark Life Cycle
상어의 일생

Some sharks lay eggs. Others give birth to live babies.
몇몇 상어들은 알을 낳아요. 다른 상어들은 새끼를 낳습니다.

Most sharks have between 2 and 20 babies. Some sharks can have up to 100 babies.
대부분 상어들은 두마리에서 스무마리의 새끼를 낳아요. 어떤 상어들은 백마리까지 낳을 수도 있습니다.

Baby sharks are called pups. They are able to find food without their mothers.
아기 상어들은 새끼라고 불러요. 새끼들은 엄마의 도움 없이 먹이를 찾을 수 있습니다.

Scientists have a hard time knowing how old sharks are. They believe some sharks can live for about 400 years.
과학자들은 상어의 나이를 잘 맞추지 못했어요. 어떤 상어들은 400살 까지 살 수 있다고 생각해요.

Curious Facts About Sharks

Whale sharks are the longest fish in the ocean.
고래 상어는 바다에서 제일 긴 물고기에요.

Sharks lose about one tooth every week. New teeth grow back in one day.
상어는 일주일 마다 이빨 하나를 잃어요. 새로운 이빨은 하루만에 자라납니다.

Sharks lived on Earth before dinosaurs.
상어는 공룡이 있기 전부터 지구에 살았어요.

상어에 대한 흥미로운 사실들

A shark's ears are inside its head.
상어의 귀는 머리 안에 있어요.

Sharks spend most of their time alone.
상어는 모든 시간을 거의 혼자 보내요.

Most sharks will sink if they stop swimming. These sharks swim while they sleep.
대부분 상어들은 수영을 멈추면 가라앉아요. 이 상어들은 잘 때도 수영을 합니다.

17

Kinds of Sharks
상어의 종류

There are more than 400 different kinds of sharks. They do not have bones in their bodies. They have a soft material called cartilage. This is the same material found in human ears.

상어의 종류는 400종 정도가 있습니다. 상어의 몸 속에는 뼈가 없습니다. 상어는 연골이라 불리는 부드러운 물질을 가지고 있습니다. 이는 사람의 귀에 있는 것과 같은 물질입니다.

Hammerhead sharks can be gray, brown, or green. They can see behind themselves without turning their heads.

귀상어는 회색, 갈색 또는 초록색입니다. 귀상어는 고개를 돌리지 않고도 뒤를 볼 수 있습니다.

Basking sharks swim with their mouths open. They eat tiny living things called plankton.
돌묵상어는 입을 열고 수영을 합니다. 플랑크톤이라고 불리는 작은 생명체를 먹습니다.

Angel sharks have flat bodies. They can blend in with the sea floor so other sharks cannot see them.
전자리 상어는 납작한 몸을 가지고 있습니다. 전자리 상어는 다른 상어들이 그들을 볼 수 없게 바닥과 섞일 수 있습니다.

How Sharks Help Earth
상어가 지구를 돕는 방법

Sharks make sure ecosystems stay healthy. An ecosystem is an area where living and non-living things live.
상어는 건강한 생태계에서만 서식합니다. 생태계는 생물과 무생물이 사는 곳입니다.

Sharks eat green turtles. Green turtles eat seagrass. Without sharks, turtles would eat all the seagrass in an area. Animals that eat seagrass would then disappear. They would have no food.

상어는 바다 거북을 먹습니다. 바다거북은 해초를 먹습니다. 상어가 없다면 바다 거북이 주변에 있는 모든 해초를 먹을 것입니다. 그러면 해초를 먹는 다른 동물들이 사라질 것입니다. 먹이가 없기 때문입니다.

How Sharks Help Other Animals
상어가 다른 동물을 돕는 방법

Sharks let small fish, called cleaner wrasse fish, clean food out of their teeth.
상어는 청소부 래쓰 피쉬 라고 불리는 작은 물고기가 이빨을 청소하게 합니다.

The sharks do not eat these fish. This gives cleaner wrasse fish lots of food to eat.

상어는 이 물고기를 먹지 않습니다. 이 청소부 래쓰 피쉬는 이빨에서 많은 음식을 먹을 수 있어요.

How Sharks Help Humans
상어가 인간을 돕는 방법

Sharks do not get sick as often as other animals. Many germs cannot stick to their skin.

상어는 다른 동물들 처럼 자주 아프지 않습니다. 많은 세균들은 상어의 피부에 붙어있을 수가 없어요.

Scientists have created a surface that acts like shark skin. Most germs cannot stick to it. This surface is being used in hospitals to help keep people healthy.

과학자들은 상어의 피부와 비슷한 표면을 만들었어요. 대부분 세균들이 붙어있지 못하죠. 이 표면은 사람들을 건강하게 지키기 위해 병원에서 사용되고 있어요.

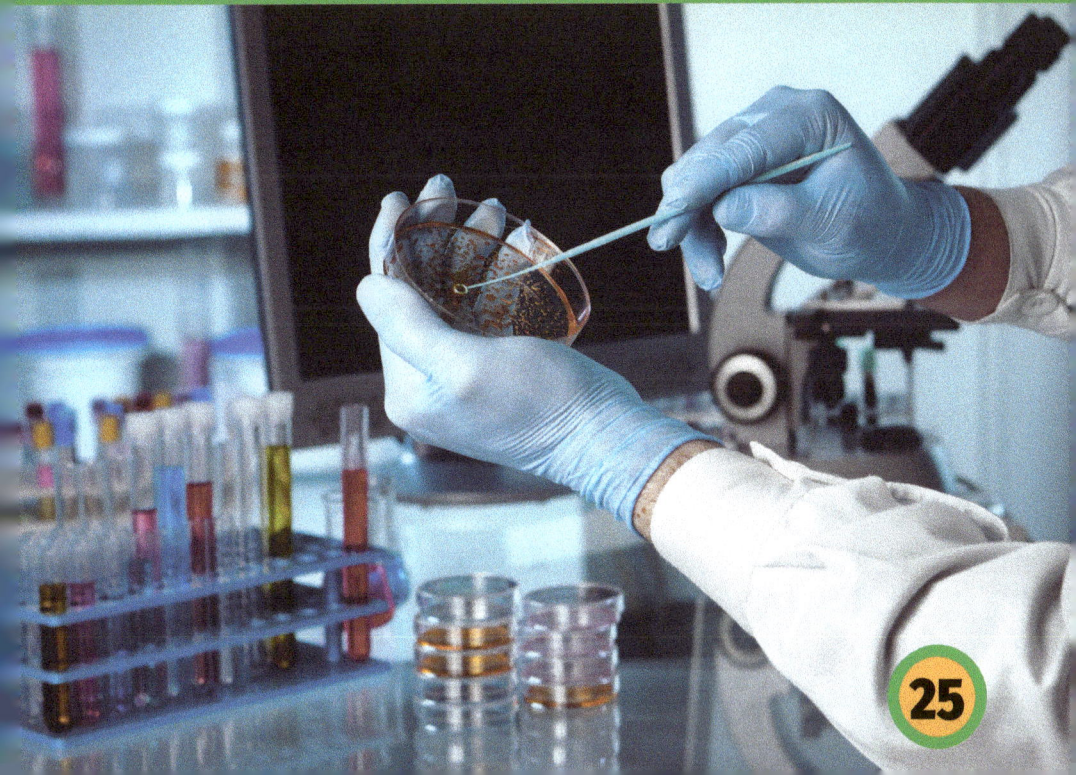

Sharks in Danger
멸종 위기의 상어

Some people hunt sharks for their fins. They use the fins to make soup. Some shark fins have a chemical in them that can harm humans.
어떤 사람들은 상어의 지느러미를 얻기위해 상어를 사냥해요. 지느러미로 수프를 만들기도해요. 어떤 상어 지느러미는 사람을 해칠 수 있는 화학물질을 가지고 있어요.

Around 100 million sharks are hunted by humans every year. Most kinds of sharks are in danger of disappearing forever. Many countries have made shark hunting illegal.

약 1억마리의 상어가 사람들에 의해 사냥을 당해요. 대부분의 상어 종은 영원히 사라질 멸종위기에 처해있어요. 많은 국가들이 상어 사냥을 불법으로 만들었습니다.

How To Help Sharks
상어를 돕는 방법

Lots of garbage ends up in oceans. Sharks can get trapped in pieces of garbage. They can also get sick if they eat a piece of garbage.
많은 쓰레기는 결국 바다로 갑니다. 쓰레기 더미에 상어들은 갇힐 수도 있어요. 쓰레기 조각을 먹으면 아플 수도 있어요.

Many people organize ocean clean-ups with their friends and family. This keeps garbage out of oceans and protects sharks.

많은 사람들이 가족, 친구들과 함께 바다 정화 조직을 만들었어요. 상어를 보호하고 쓰레기들을 바다에서 꺼내요.

Quiz
퀴즈

Test your knowledge of sharks by answering the following questions. The questions are based on what you have read in this book. The answers are listed on the bottom of the next page.

다음 질문에 답하고 상어에 대한 지식을 테스트해봐요. 질문은 책의 내용에 기초합니다. 정답은 다음 페이지 하단에 있어요.

1 What is a group of sharks called?
상어 무리는 뭐라고 부르나요?

2 What do small sharks eat?
작은 상어들은 무엇을 먹나요?

3 What are baby sharks called?
아기 상어들은 뭐라고 부르나요?

4 How many different kinds of sharks are there?
몇 마리의 상어종류가 있나요?

5 What is an ecosystem?
생태계는 무엇인가요?

6 How many sharks are hunted by humans every year?
매년 몇마리의 상어가 사람들에 의해 사냥당하나요?

Explore other books in the Animals That Make a Difference series.

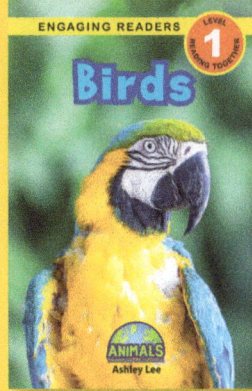

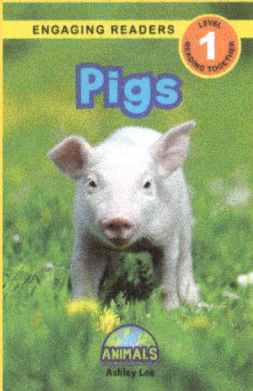

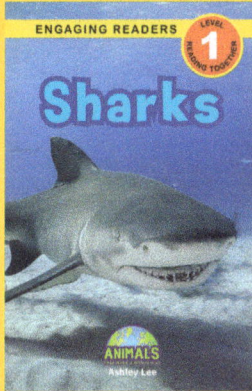

Visit www.engagebooks.com to explore more Engaging Readers.

Answers:
1. A school 2. Fish, squid, and shellfish 3. Pups 4. More than 400
5. An area where living and non-living things live 6. Around 100 million

정답:
1. 떼 2. 물고기, 오징어 그리고 조개 3. 새끼 4. 400종류 이상
5. 생물과 무생물이 사는 곳 6. 약 1억 마리

www.ingramcontent.com/pod-product-compliance
Lightning Source LLC
Chambersburg PA
CBHW040227040426
42331CB00039B/3454